dinosaur activity books for kids 8-12

This Activity Book Belongs To :

____

DINOSAUR MAZES

ARCHAEOPTERYX

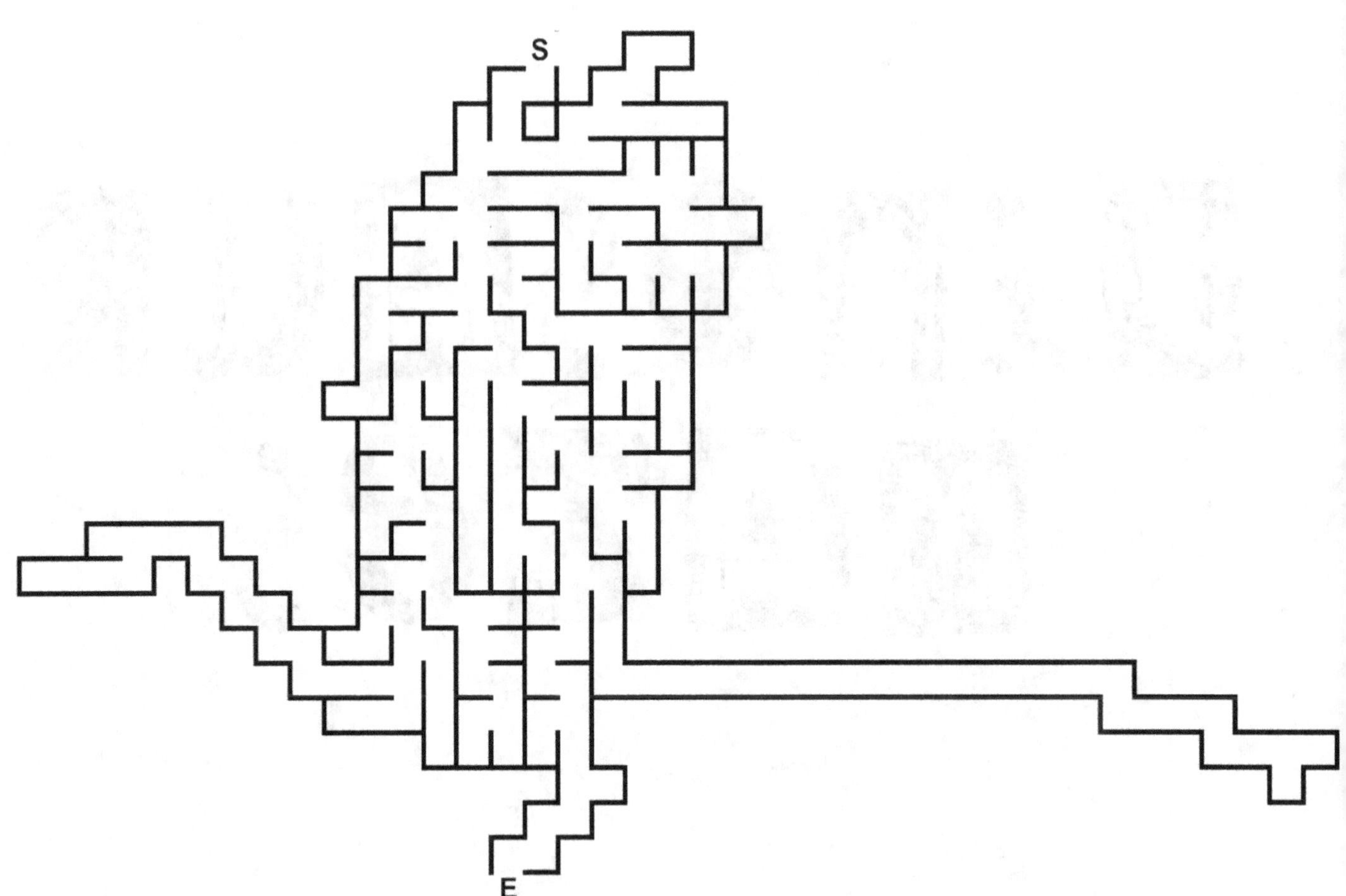

BRONTOSAURUS

MAMMOTH

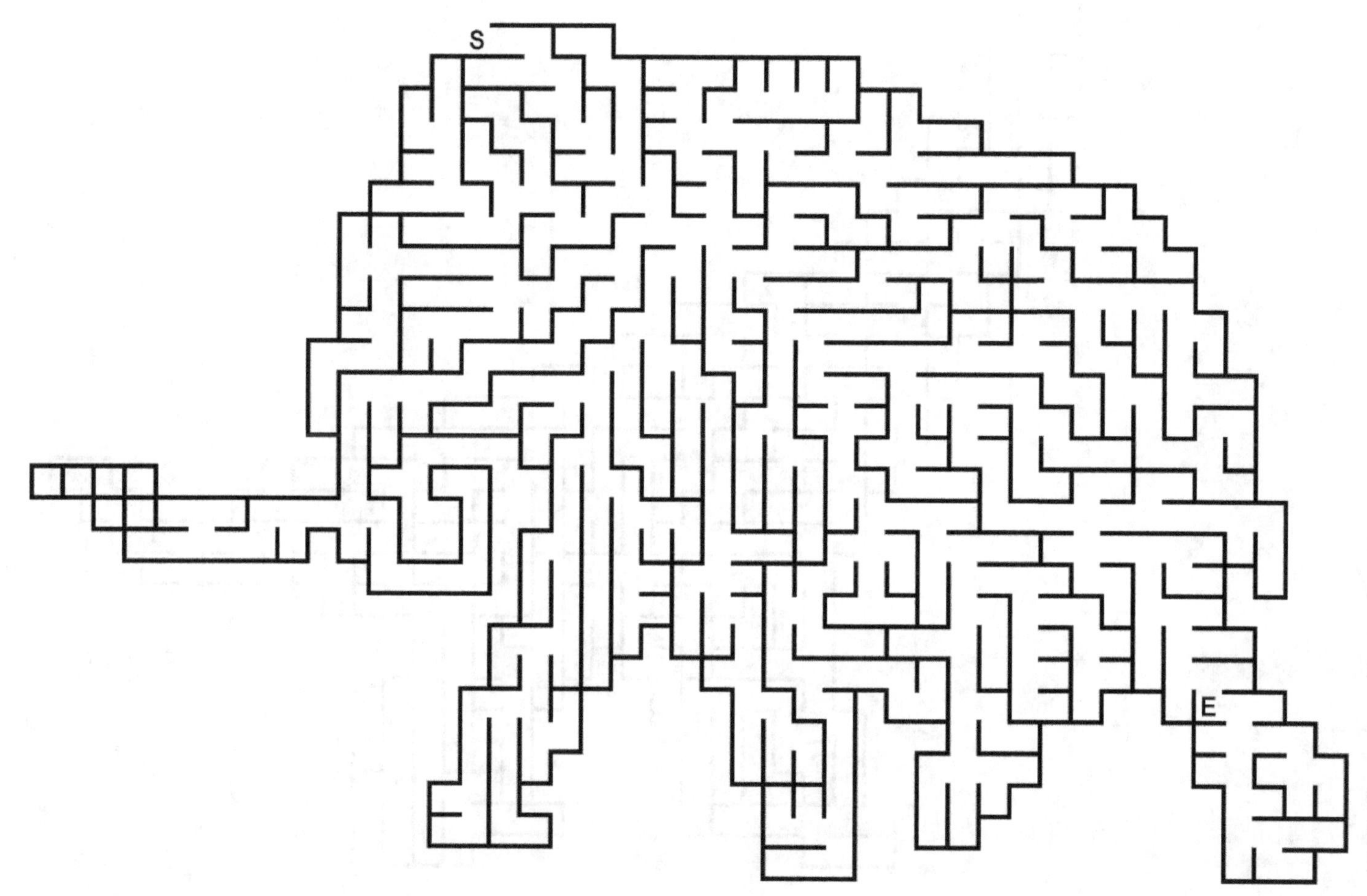

PARASAUROLOPHUS

PTEROSAUR

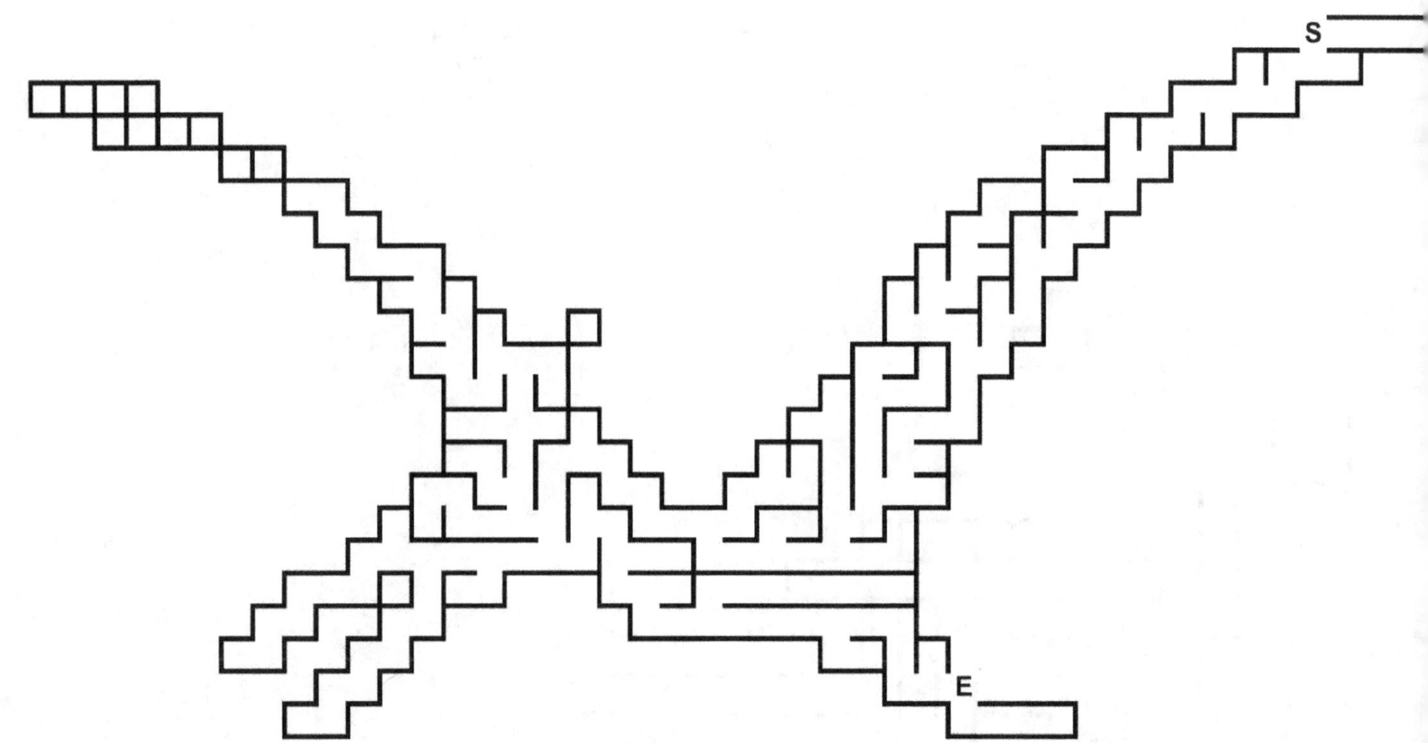

SABER TOOTH TIGER

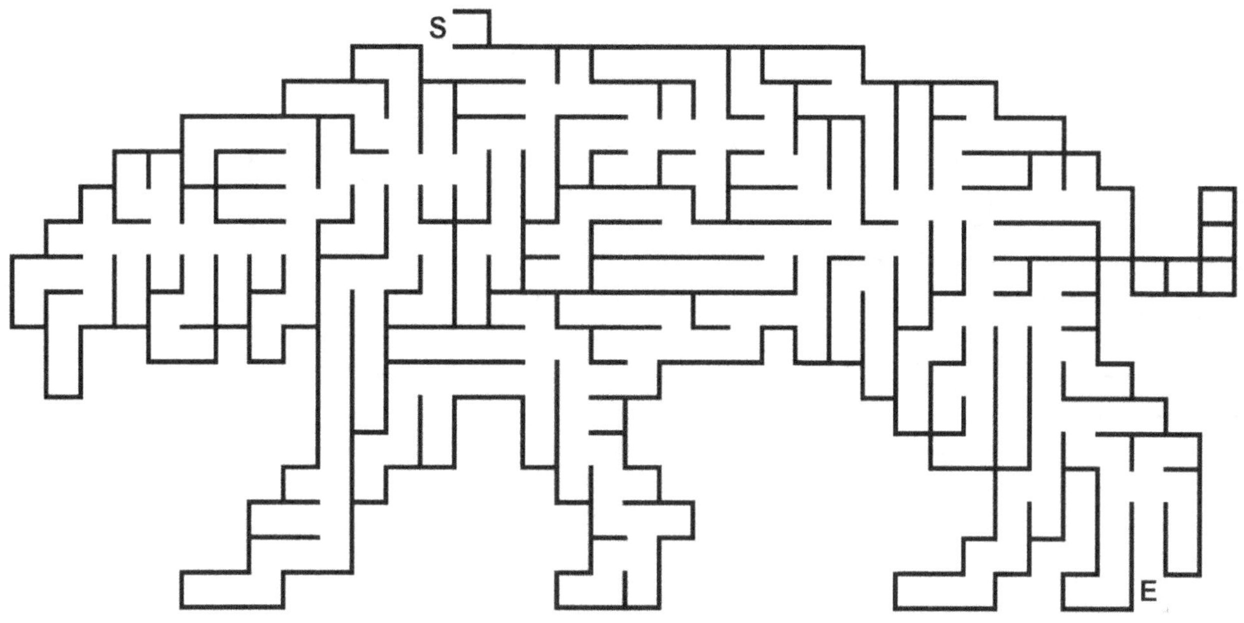

STEGOSAURUS

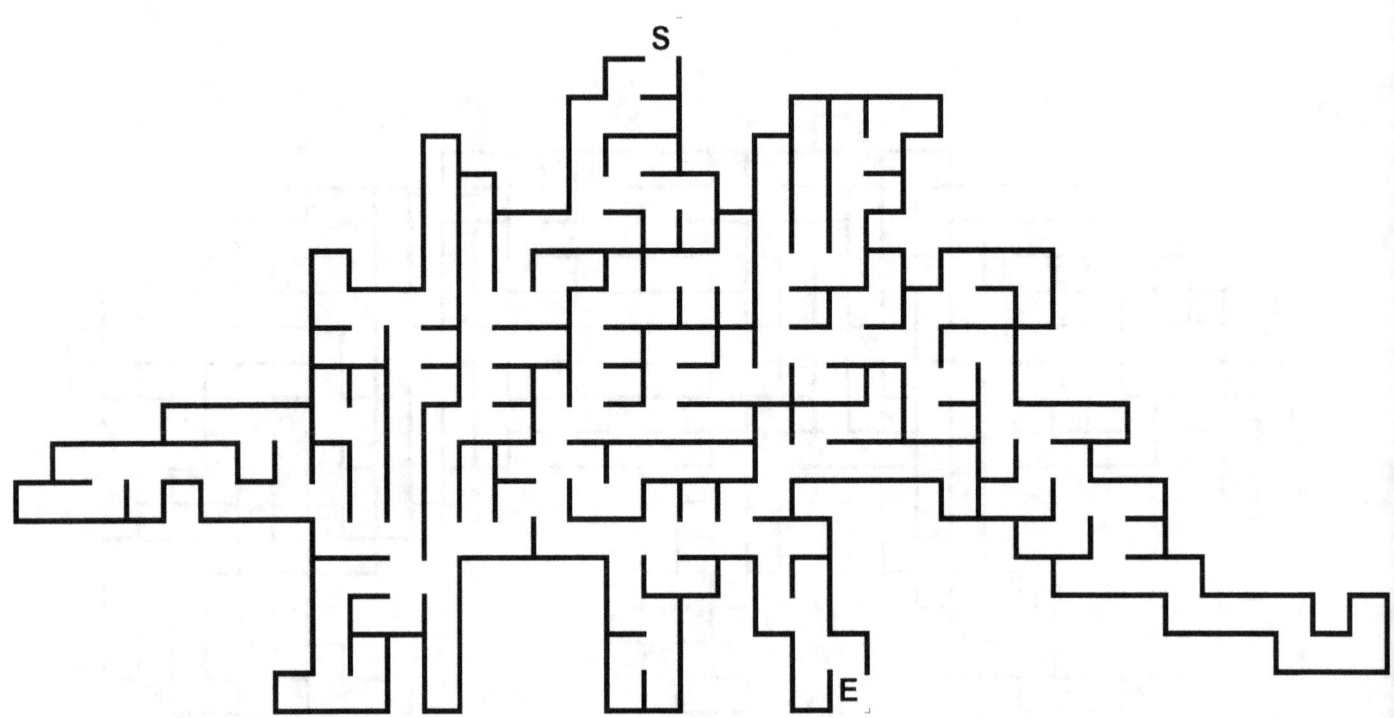

TRICERATOPS

TYRANNOSAURUS REX

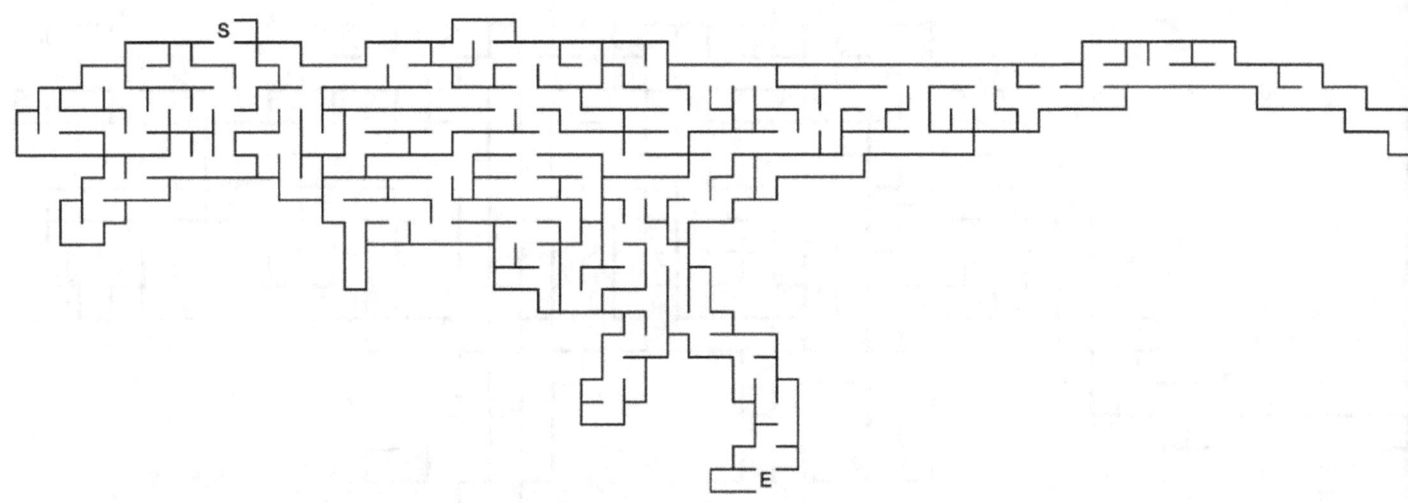

Solution for Puzzle 1

Solution for Puzzle 1

Solution for Puzzle 1

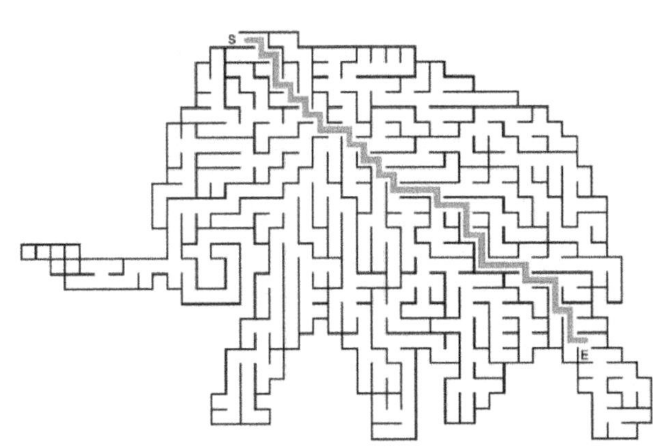

Solution for Puzzle 1

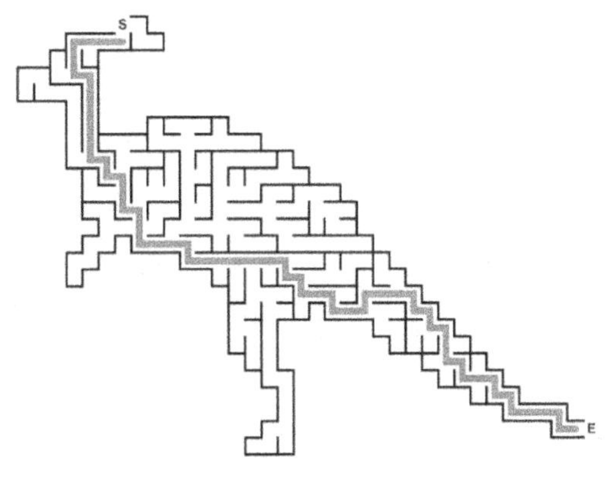

Solution for Puzzle 1

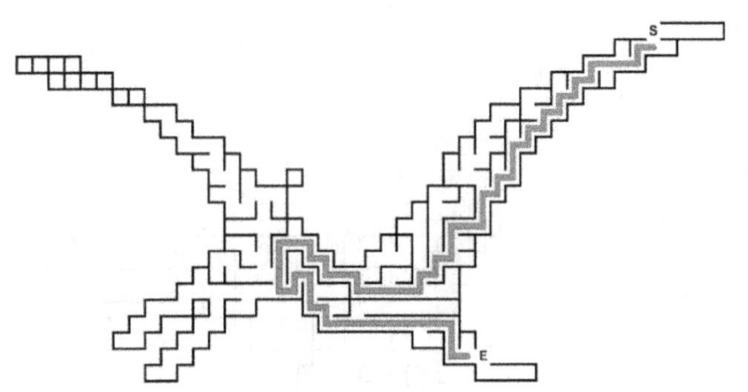

Solution for Puzzle 1

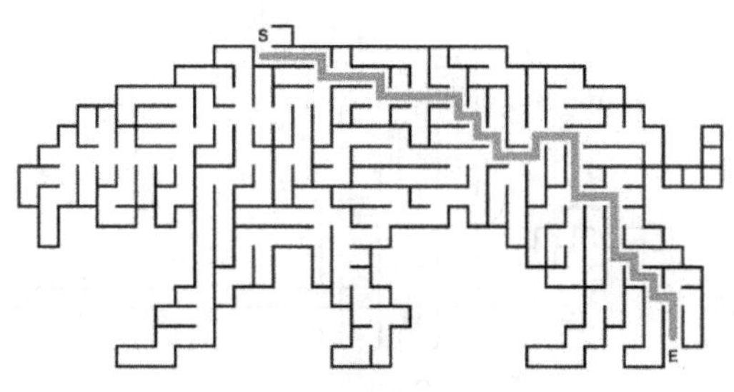

Solution for Puzzle 1

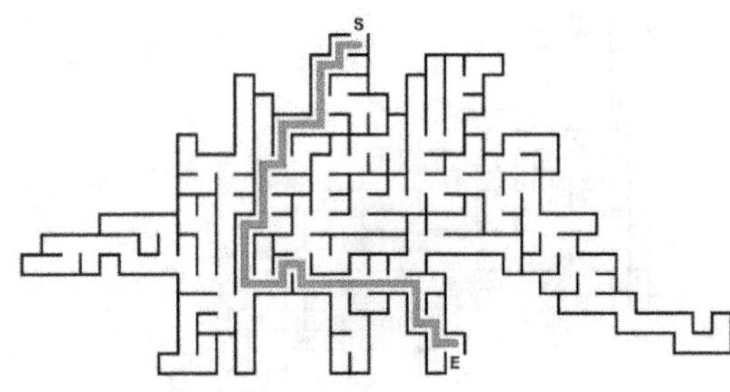

Solution for Puzzle 1

CONNECT THE DOTS

1 2 3 4 5 6 7 8 9 10 11 12 13 14 15 16 17 18 19 20 21 22 23 24 25 26 27 28 29 30 31 32 33 34 35 36 37 38 39 40 41 42 43 44 45 46 47

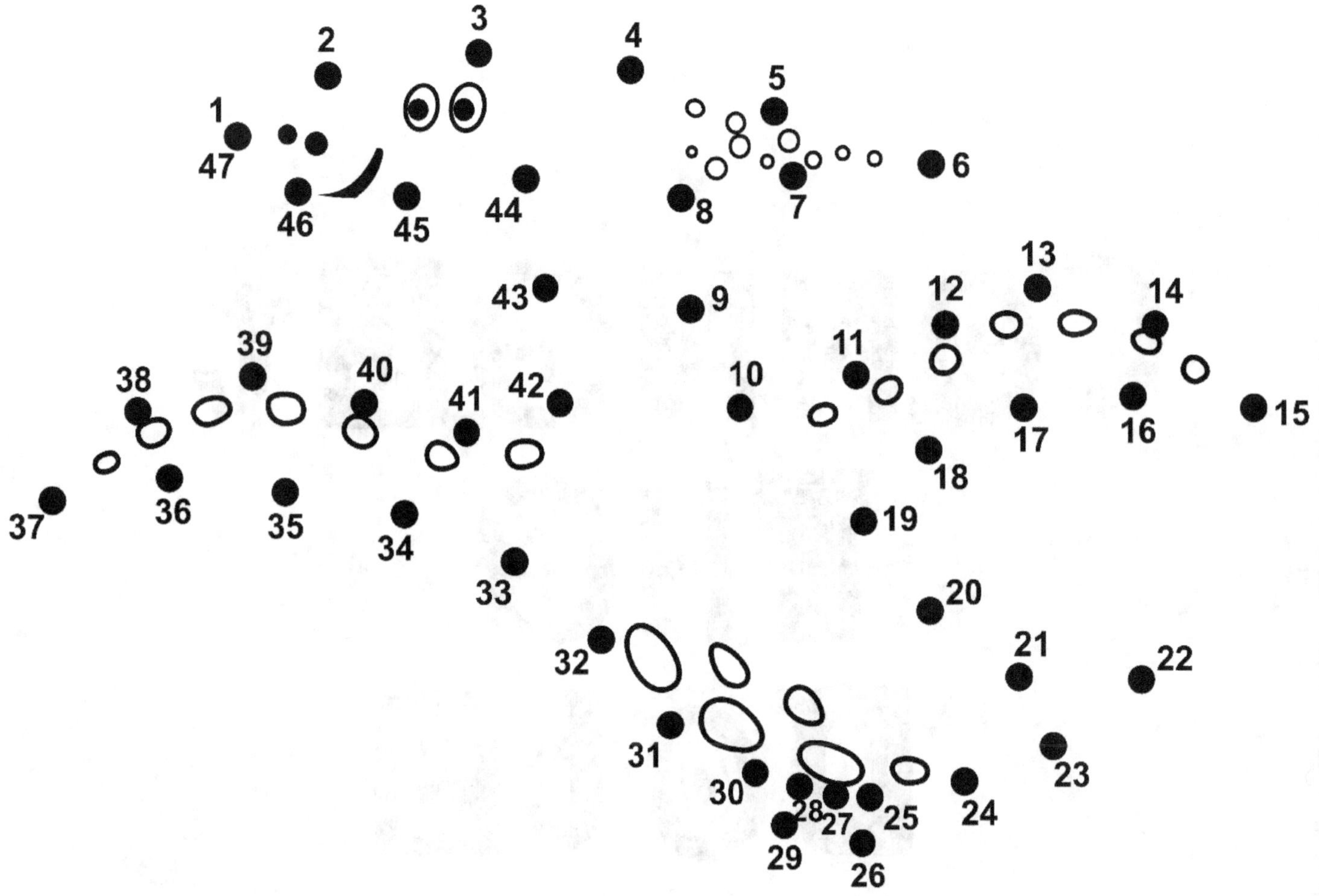

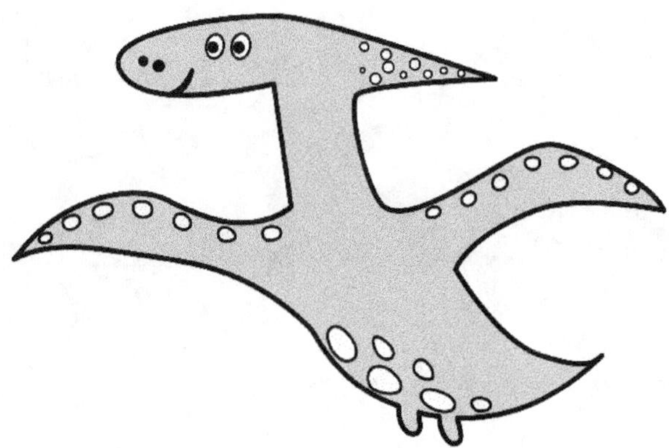

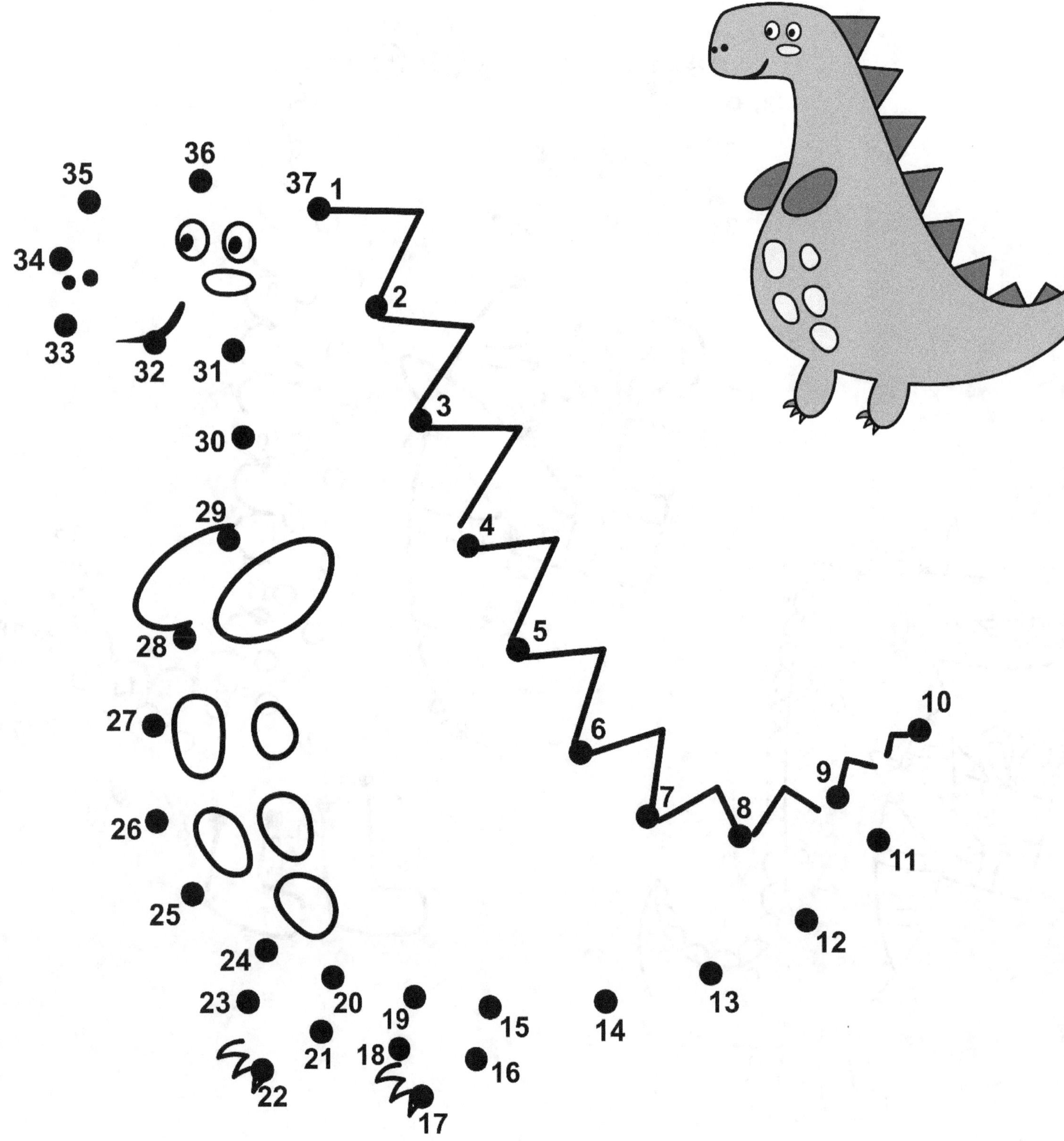

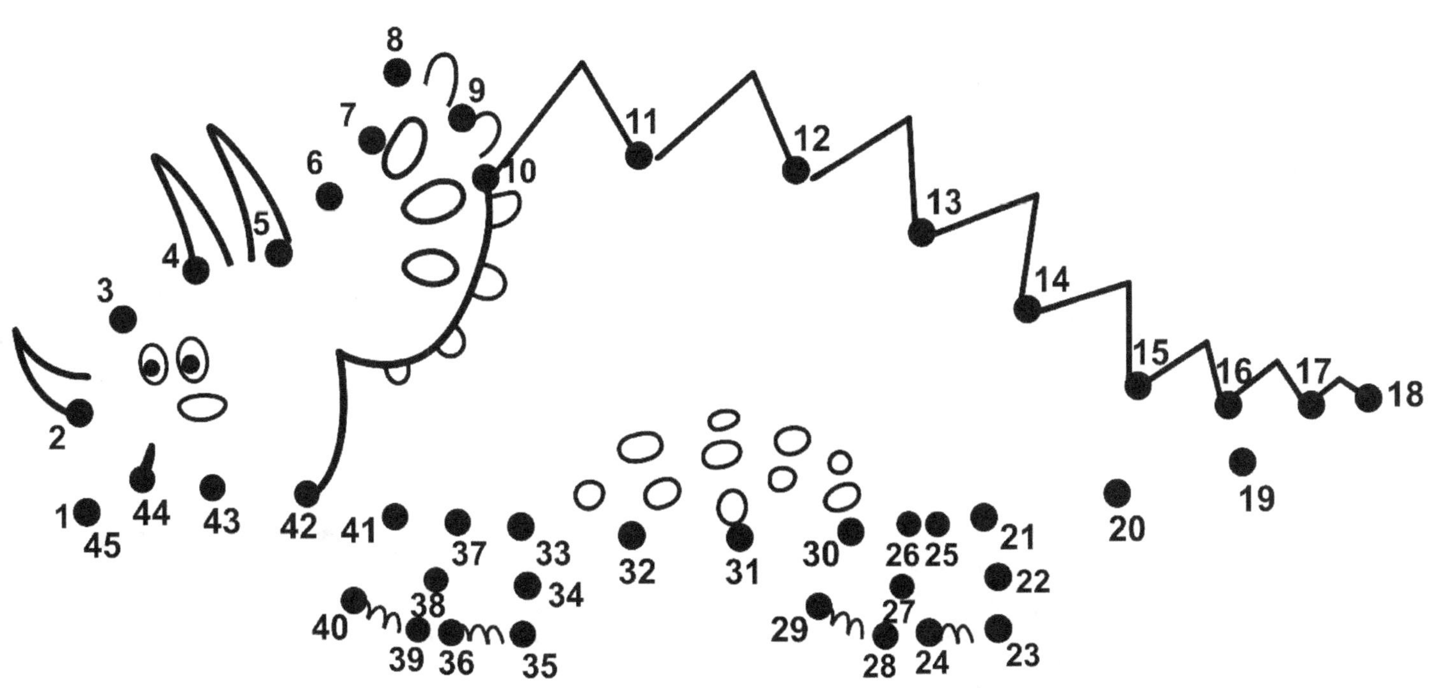

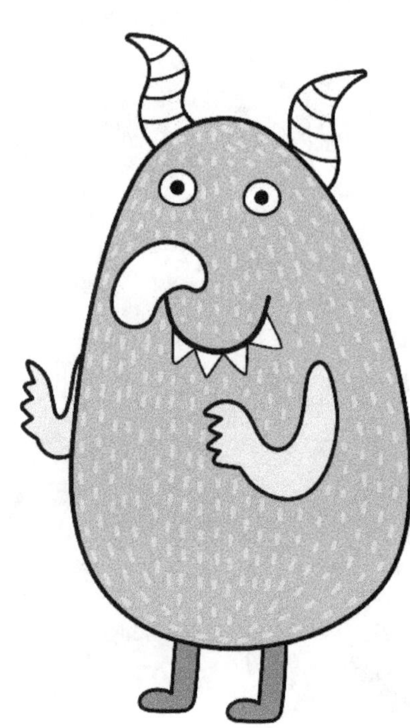

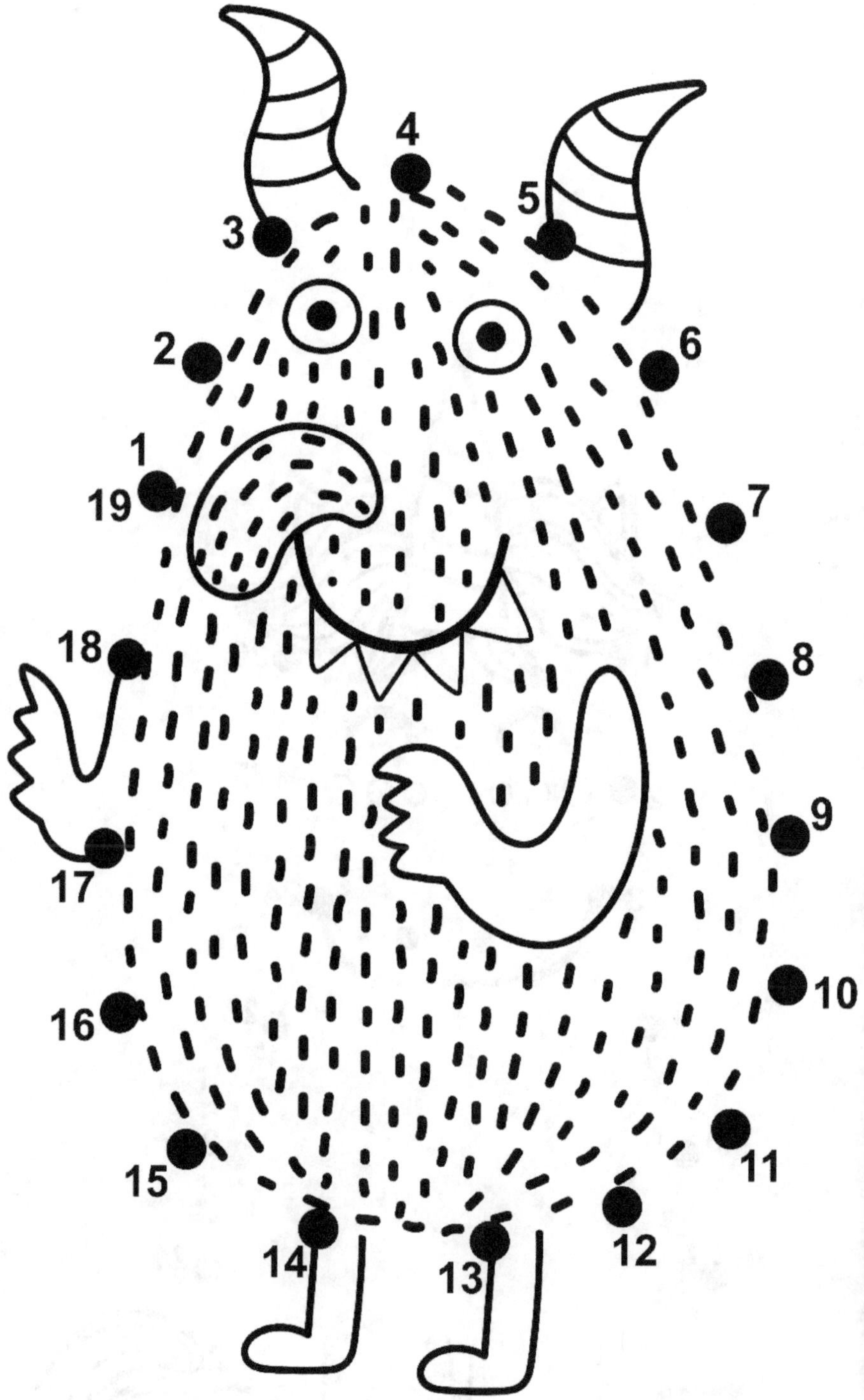

1
2
3
4
5
6
7
8
9
10
11
12
13
14
15
16
17
18
19

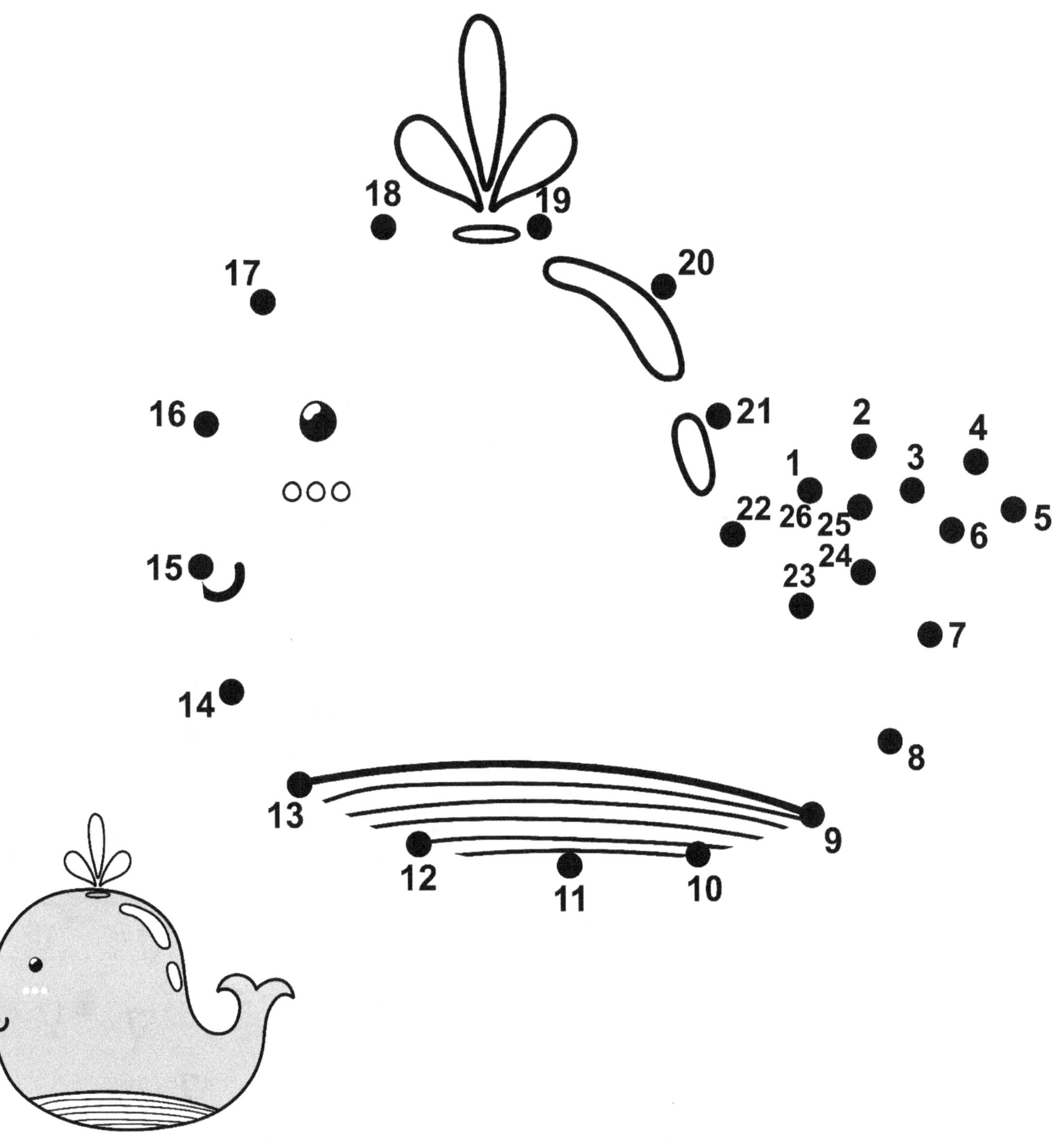

WORD SEARCH dinos

Dinosaur Wordsearch 1

```
C V D X C T I Z Q F O A
G U K K V D E X X N T H
E I M E M B I K S W Z F
A E X D Z E E K N S W A
T E R R E S T R I A L N
V Q Z R U R E A L M T T
E U M A R V E L L K W A
J I H A T C H I X H B S
P V B V S T A G D M O T
X E E I K T V J F Y Z I
E R J F Q Q U E S T Y C
I A R C H O S A U R S M
```

ARCHOSAURS	QUEST
EEK	QUIVER
FANTASTIC	REALM
HATCH	TAIL
MARVEL	TERRESTRIAL

Dinosaur Wordsearch 2

```
H E R B I V O R E S S A
A O W P X M V G E I M G
F Q E R F C I R J O T G
C R I F H R U P D U P R
U D G R L T X G D C H E
N D H E A O N S O E L S
N K T E A I A A J C H S
I A R V K L C T K E B I
N C C N V Z W V I D Y V
G R E M A I N S K N K E
X A R E P T I L E J G S
Z E L E G E N D A R Y A
```

AGGRESSIVE
CREATURE
CUNNING
FLOATING
HERBIVORE

KINGDOM
LEGENDARY
REMAINS
REPTILE
WEIGHT

Dinosaur Wordsearch 3

```
A C J Y P X K Z Y Y V I
L A U Z P J Y N N R G Y
Y S N L L V W U E E S C
H N U Z Z A H T M G L T
Y X S U R E S O Q R I R
I L U D P N S P A E T I
Z Z A M O E E Q Q A H A
W I L M W G H F C L E S
K X M A U C I S L Y R S
T R I C E R A T O P S I
V R E V O L T I N G A C
F D A Z Z L E C B U E I
```

AWESOME	REVOLTING
DAZZLE	SLITHER
DRAWN	TRIASSIC
MONSTER	TRICERATOPS
REAL	UNUSUAL

Dinosaur Wordsearch 4

T	I	Z	T	C	L	S	I	H	N	Q	O			
M	R	T	A	M	R	I	M	U	A	P	V			
A	E	L	L	O	T	Z	O	M	O	A	E			
K	L	Y	E	S	R	E	S	N	S	F	R			
A	A	P	S	P	P	I	Z	M	P	E	-			
I	C	U	C	D	R	I	U	B	E	A	S			
F	H	U	L	A	X	M	N	K	C	R	I			
A	C	R	H	U	G	T	T	Y	I	S	Z			
D	O	C	A	U	K	B	B	W	E	O	E			
W	I	C	O	N	Q	U	E	R	S	M	D			
V	D	M	Q	D	X	S	Z	L	M	E	G			
B	N	A	M	E	S	R	M	N	G	U	D			

CHARISMA	SIZE
CONQUER	SPECIES
FEARSOME	SPINY
NAMES	TALES
OVER-SIZED	WORLD

Dinosaur Wordsearch 5

```
T E N C O U N T E R U V
E L W L K V F D C Y M U
N E B P U B E E E S Y F
N B W T T S N R A E S K
H E W R R Q P C V R T P
S G L U A V C H O Z E J
X G C V X A I A L O R O
Q U A I L N E N X E I D
I A C V F I P G K W O H
P S F G F S V E V E U T
Z D F R Z H M S Y Q S W
A P P E N D A G E Z T P
```

APPENDAGE
CHANGES
CURSED
ENCOUNTER
FEAR

MYSTERIOUS
NEW
PREY
QUAIL
VANISH

Dinosaur Wordsearch 6

C J I F Y Z Q M G L E P
L F N V L M V N A T U O
N Y J F T R Q D A M L T
F G U E O B E R C U G E
R S R T Z P E G F N Y N
I K I V I T E R I O G T
G W E B I C E Y Z G N Y
H K S L D W L L O R E D
T S B N O F K D M C D Y
M O X P Y T K P K O R F
S P I K E S P N C A J F
C A V E H B D U K C N V

BIPEDAL   LORE
CAVE   OBLITERATE
FLYING   POTENT
FRIGHT   POWERFUL
INJURIES   SPIKES

Dinosaur Wordsearch 7

```
A S G U H F I E R Y J L
C L I B C D S J L C L R
O N L T F P L O U O B T
N M E E T V A G Y N E E
Q I V J G G N I A J A R
U Y G L A O D J S U U R
E S E A U K R J Z R T O
S C H R T K P I J E Y R
T A A G V S X F C P D F
B R A E M D M Z F A S X
K E J , N F R D A B L V
D L S K E L E T O N S N
```

ALLEGORICAL
BEAUTY
CONJURE
CONQUEST
FIERY

LAND
LARGE,
SCARE
SKELETONS
TERROR

Dinosaur Wordsearch 8

```
A V X U D L Q Z W P D C
M W L N H V O N D Z P A
Y R F R K T T A G B U R
Y I K E Z T S C M T R N
K N O A H W C T T A S I
Y K H L L R T I X P U V
T L Q Q Z G A O A P I E
K E O J M H B N R E T R
B D M W I N G S F A A O
D W R T N O I S E L A U
S N S L K E Y E S A R S
M A M M O T H T S Z W M
```

ACTION	NOISE
APPEAL	PURSUIT
CARNIVEROUS	UNREAL
EYES	WINGS
MAMMOTH	WRINKLED

Dinosaur Wordsearch 9

```
G T I V H G X Q Y Y D C
T R N K G K V M T S R R
Z H O E L H E E Z A A E
B O X U X O I G X V G T
E Q S Y P R A E M A O A
H P A W A S J A S G N C
E Z B V Y U R P V E - E
M V L E A T H E R Y L O
O H T J Q Z H V Y D I U
T S O A R I N G Q V K S
H T P K H X A S I Y E V
V Q P H S N A S T Y I D
```

BEHEMOTH	LEATHERY
CRETACEOUS	NASTY
DRAGON-LIKE	SAVAGE
EGG	SOARING
GROUPS	VARIETY

Dinosaur Wordsearch 10

```
A A F S T O R Y F Y S I
L S P H O R N S B U G H
M J F P F P T C R T D I
J U Z L A N X U L A L L
N V H G E R A U E K R L
I B R P A S I R K H N S
F I R H O F D T O Z T M
P E C N T O Z G I N O L
S Y I L R O A M A O M P
T P S C B F Y I Q P N E
S H O E F U G F E L R G
A T T R A C T I O N I M
```

APPARITION	HORNS
ATTRACTION	ROAM
DREAD	SERPENT
GIANT	SPINOSAURUS
HILLS	STORY

Dinosaur Wordsearch Solutions 1

Dinosaur Wordsearch Solutions 2

Dinosaur Wordsearch Solutions 3

Dinosaur Wordsearch Solutions 4

Dinosaur Wordsearch Solutions 5

Dinosaur Wordsearch Solutions 6

Dinosaur Wordsearch Solutions 7

Dinosaur Wordsearch Solutions 8

Dinosaur Wordsearch Solutions 9

G T I V H G X Q Y Y D C
T R N K G K V M T S R R
Z H O E L H E E Z A A E
B O X U X O I G X V G T
E Q S Y P R A E M A O A
H P A W A S J A S G N C
E Z B V Y U R P V E - E
M V L E A T H E R Y L O
O H T J Q Z H V Y D I U
T S O A R I N G Q V K S
H T P K H X A S I Y E V
V Q P H S N A S T Y I D

Dinosaur Wordsearch Solutions 10

A A F S T O R Y F Y S I
L S P H O R N S B U G H
M J F P F P T C R T D I
J U Z L A N X U L A L L
N V H G E R A U E K R L
I B R P A S I R K H N S
F I R H O F D T O Z T M
P E C N T O Z G I N O L
S Y I L R O A M A O M P
T P S C B F Y I Q P N E
S H O E F U G F E L R G
A T T R A C T I O N I M

SUDOKU DINOSAUR

Sudoku Dinosaurs 1

9	4				3	8	2	
		7	5	1		9		
	1			8	4		7	
	3				9	6		
		8	1					9
6	9			2	5	3		7
	7	1		9	8	4		2
3		6						
4			7		6	1		3

Sudoku Dinosaurs 2

	2		5		3		6	
	6	4			9		3	5
		5		8		2		9
4		2		9			8	
	3	6				9		1
8			1	2	4			
6	5		2			7		8
3					1	6	4	
	1	8	6		5			

Sudoku Dinosaurs 3

			4	8				
6		1	2		5	9		7
4	5			9		2		8
1					8	4		
3		7		4	1	8		5
	2		6					1
		8		1	9	6	7	
9		6			2		5	
	3	2	5			1		

Sudoku Dinosaurs 4

	6	3	1					4
	5				3	7	9	
4			9	5		3		1
8	1	7			9			
			3				5	9
5	3			4	8		7	2
7		6			5	2		8
1			6			9		
		4	8	9				5

Sudoku Dinosaurs 5

5		8	4		9			3
	4			2		8		7
		7	8				2	
				8			4	6
8	1		2	6				
	7	4	9		3		8	1
			4	5	9			2
9	6		3			7		4
	5	3			2	6		

Sudoku Dinosaurs 6

2		8	6				4	
	3	4			5	6		2
	5		4	7		3		
			8	3	9		2	
6	2							4
8	1			4	6	5	9	
	9	1	7		8		6	
	6		5				2	9
		2			3	7		

Sudoku Dinosaurs 7

		2		5	9			6
9				3		7	4	
	4	3			6	9	1	
	2	4			8	6		
	3	8	6					4
			7		3		5	8
4		1	5	6		8		
	5	7	9	8		4		1
	8	6					7	

Sudoku Dinosaurs 8

	3	7	1					8
	9				7	6	4	
8			9	6			7	1
				7		9		6
5	1	4			6			
9	7		8		5	4		2
1			3				6	
		8	6	5				9
4		3			9		2	5

Sudoku Dinosaurs 9

5		8				9	2	
			9	1		5	3	
3	9			8	2			
		3				4		
7	8		2		4	6	1	9
	4		8		7		5	2
9			4	2			6	
	6	4		5				1
	3	1			9	2	4	

Sudoku Dinosaurs 10

		7		3		5	8	
2					1		7	4
	8	3	4	5				1
3		1				8		9
			1	9				
	7	8		2	3	4		5
		9	2	8	4			3
	3	6	5			7		2
4					6	1		

Sudoku Dinosaurs Solutions 1

9	4	5	6	3	7	8	2	1
8	6	7	5	1	2	9	3	4
2	1	3	9	8	4	5	7	6
1	3	2	4	7	9	6	5	8
7	5	8	1	6	3	2	4	9
6	9	4	8	2	5	3	1	7
5	7	1	3	9	8	4	6	2
3	8	6	2	4	1	7	9	5
4	2	9	7	5	6	1	8	3

Sudoku Dinosaurs Solutions 2

9	2	8	5	7	3	1	6	4
7	6	4	1	2	9	8	3	5
1	3	5	4	8	6	2	7	9
4	1	2	7	9	5	3	8	6
5	7	3	6	4	8	9	2	1
8	9	6	3	1	2	4	5	7
6	5	9	2	3	4	7	1	8
3	8	7	9	5	1	6	4	2
2	4	1	8	6	7	5	9	3

Sudoku Dinosaurs Solutions 3

2	7	9	4	8	6	5	1	3
6	8	1	2	3	5	9	4	7
4	5	3	1	9	7	2	6	8
1	9	5	7	2	8	4	3	6
3	6	7	9	4	1	8	2	5
8	2	4	6	5	3	7	9	1
5	4	8	3	1	9	6	7	2
9	1	6	8	7	2	3	5	4
7	3	2	5	6	4	1	8	9

Sudoku Dinosaurs Solutions 4

9	6	3	7	1	2	5	8	4
2	5	1	4	8	3	7	9	6
4	7	8	9	5	6	3	2	1
8	1	7	5	2	9	4	6	3
6	4	2	3	7	1	8	5	9
5	3	9	6	4	8	1	7	2
7	9	6	1	3	5	2	4	8
1	8	5	2	6	4	9	3	7
3	2	4	8	9	7	6	1	5

Sudoku Dinosaurs Solutions 5

5	2	8	4	7	9	1	6	3
3	4	6	5	2	1	8	9	7
1	9	7	8	3	6	4	2	5
2	3	9	1	8	7	5	4	6
8	1	5	2	6	4	3	7	9
6	7	4	9	5	3	2	8	1
7	8	1	6	4	5	9	3	2
9	6	2	3	1	8	7	5	4
4	5	3	7	9	2	6	1	8

Sudoku Dinosaurs Solutions 6

2	7	8	3	6	1	9	4	5
1	3	4	9	8	5	6	7	2
9	5	6	4	7	2	3	1	8
7	4	5	8	3	9	1	2	6
6	2	9	1	5	7	8	3	4
8	1	3	2	4	6	5	9	7
5	9	1	7	2	8	4	6	3
3	6	7	5	1	4	2	8	9
4	8	2	6	9	3	7	5	1

Sudoku Dinosaurs Solutions 7

1	7	2	4	5	9	3	8	6
9	6	5	8	3	1	7	4	2
8	4	3	2	7	6	9	1	5
5	2	4	1	9	8	6	3	7
7	3	8	6	2	5	1	9	4
6	1	9	7	4	3	2	5	8
4	9	1	5	6	7	8	2	3
3	5	7	9	8	2	4	6	1
2	8	6	3	1	4	5	7	9

Sudoku Dinosaurs Solutions 8

6	3	7	1	4	2	5	9	8
2	9	1	5	8	7	6	4	3
8	4	5	9	6	3	2	7	1
3	8	2	4	7	1	9	5	6
5	1	4	2	9	6	3	8	7
9	7	6	8	3	5	4	1	2
1	5	9	3	2	8	7	6	4
7	2	8	6	5	4	1	3	9
4	6	3	7	1	9	8	2	5

Sudoku Dinosaurs Solutions 9

5	1	8	7	4	3	9	2	6
4	7	2	9	1	6	5	3	8
3	9	6	5	8	2	1	7	4
6	2	3	1	9	5	4	8	7
7	8	5	2	3	4	6	1	9
1	4	9	8	6	7	3	5	2
9	5	7	4	2	1	8	6	3
2	6	4	3	5	8	7	9	1
8	3	1	6	7	9	2	4	5

Sudoku Dinosaurs Solutions 10

1	4	7	9	3	2	5	8	6
2	9	5	8	6	1	3	7	4
6	8	3	4	5	7	9	2	1
3	2	1	7	4	5	8	6	9
5	6	4	1	9	8	2	3	7
9	7	8	6	2	3	4	1	5
7	1	9	2	8	4	6	5	3
8	3	6	5	1	9	7	4	2
4	5	2	3	7	6	1	9	8

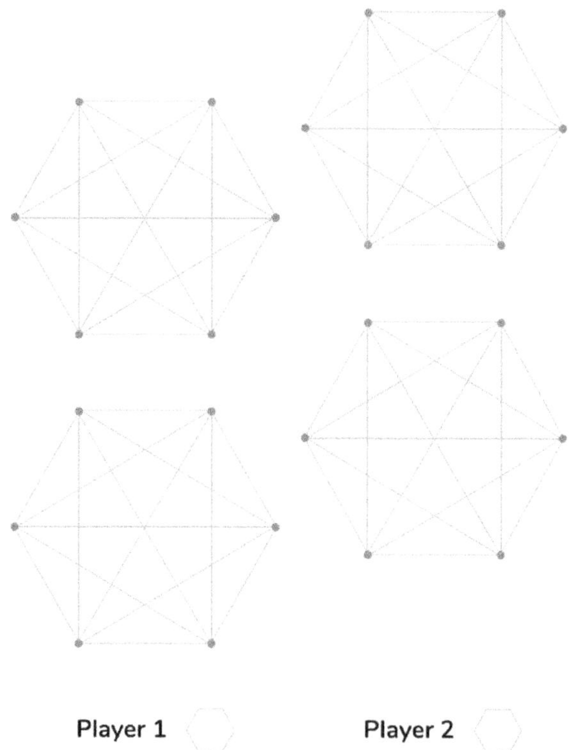

Hexagon Game

Instructions:

This is a game for two players.

Each player should select a different colored pen or pencil (traditionally blue and red)

Players take it in turns to join two dots.

The goal is to avoid completing a triangle with all three sides in your own color.

The first person to complete a triangle in their color loses.

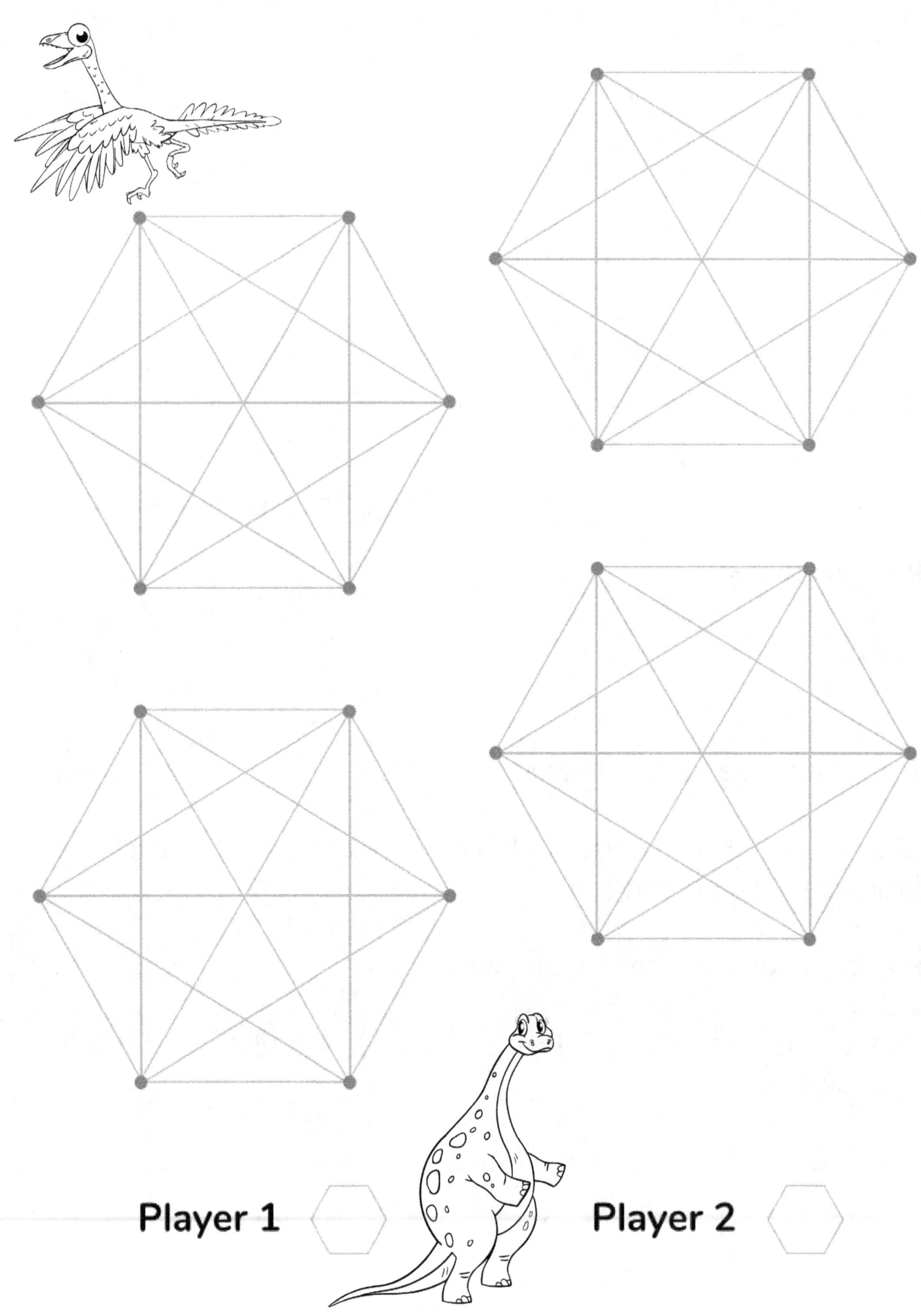
Player 1
Player 2

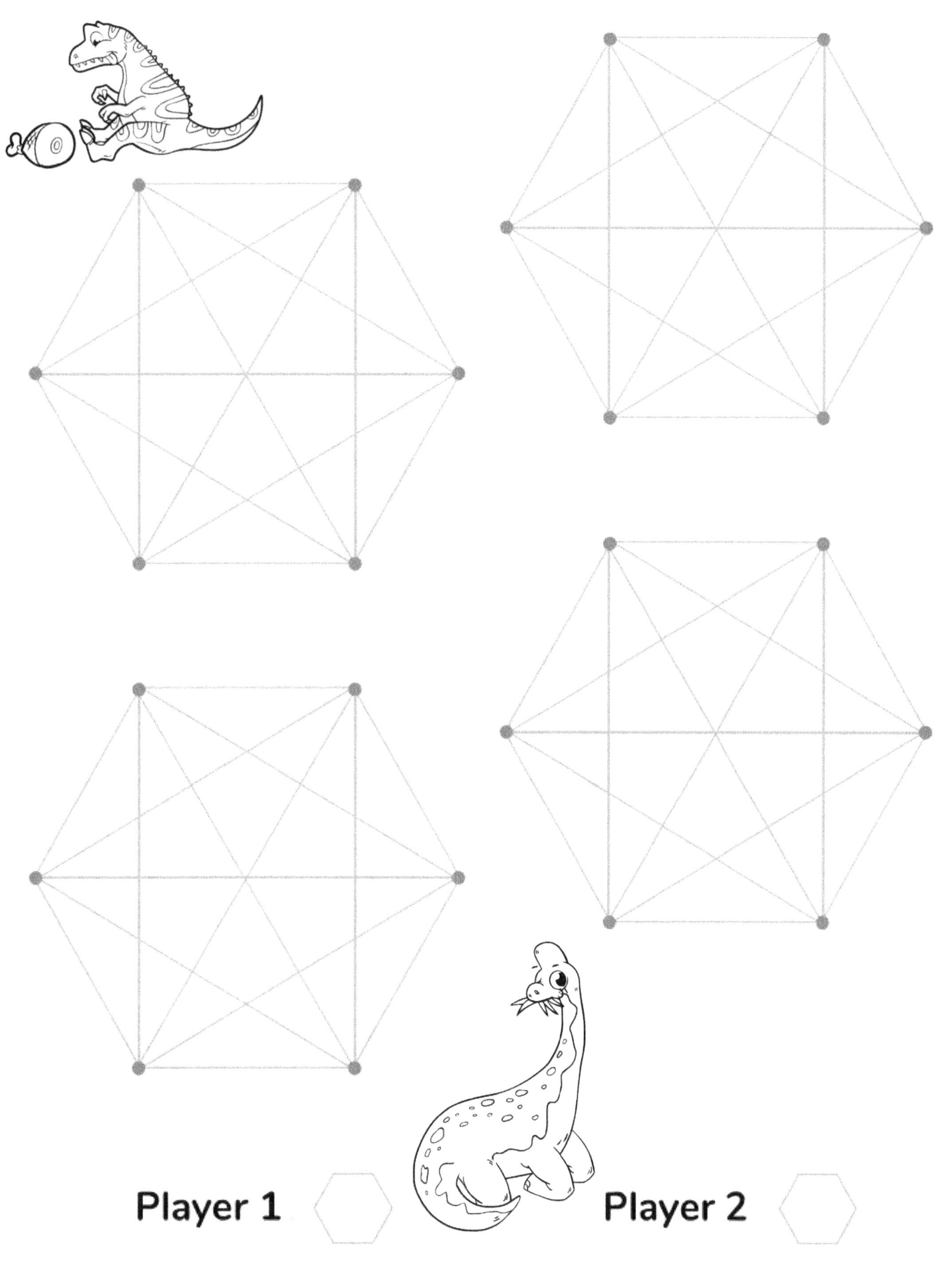

Player 1
Player 2

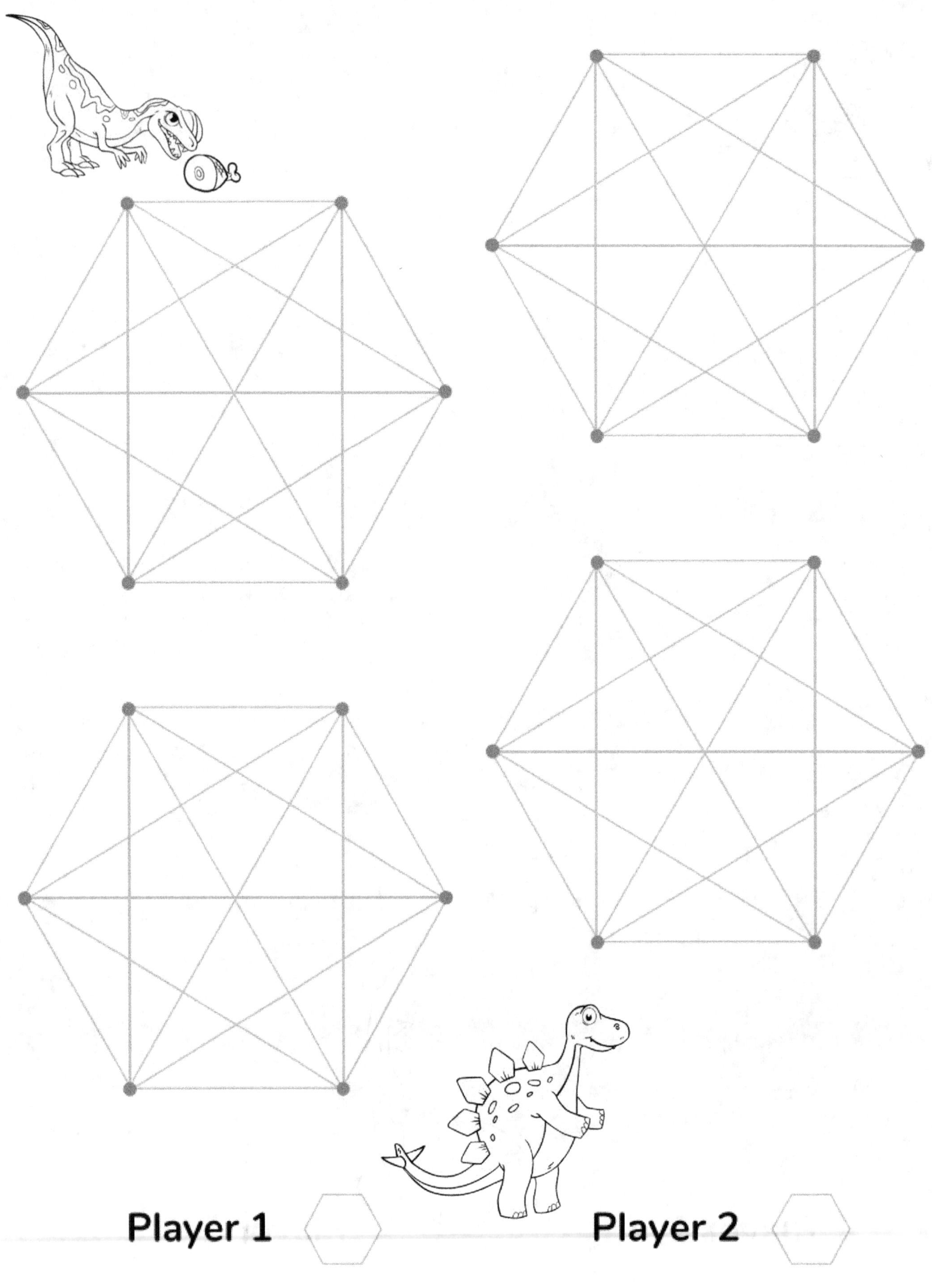

Player 1
Player 2

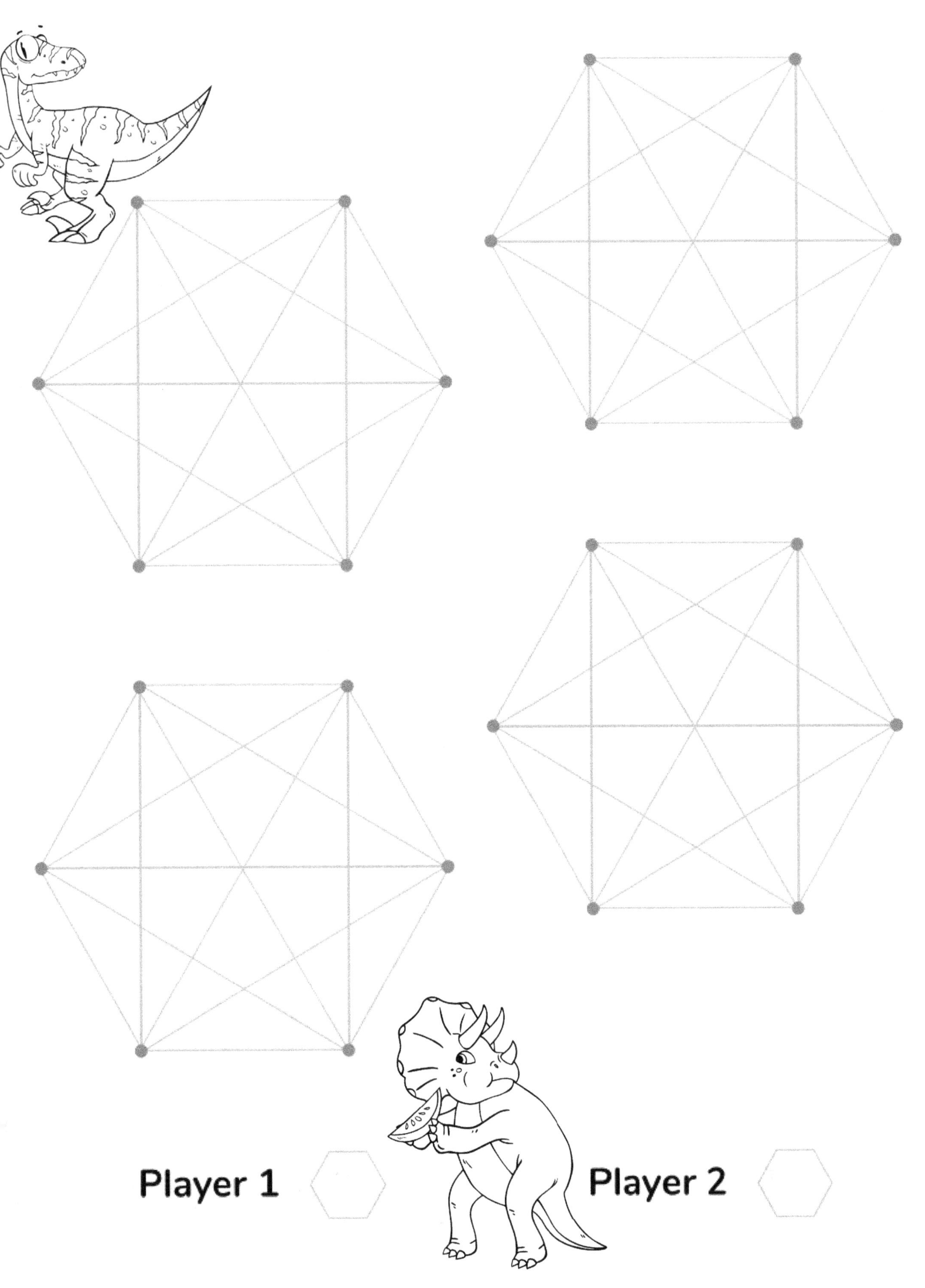

Player 1

Player 2

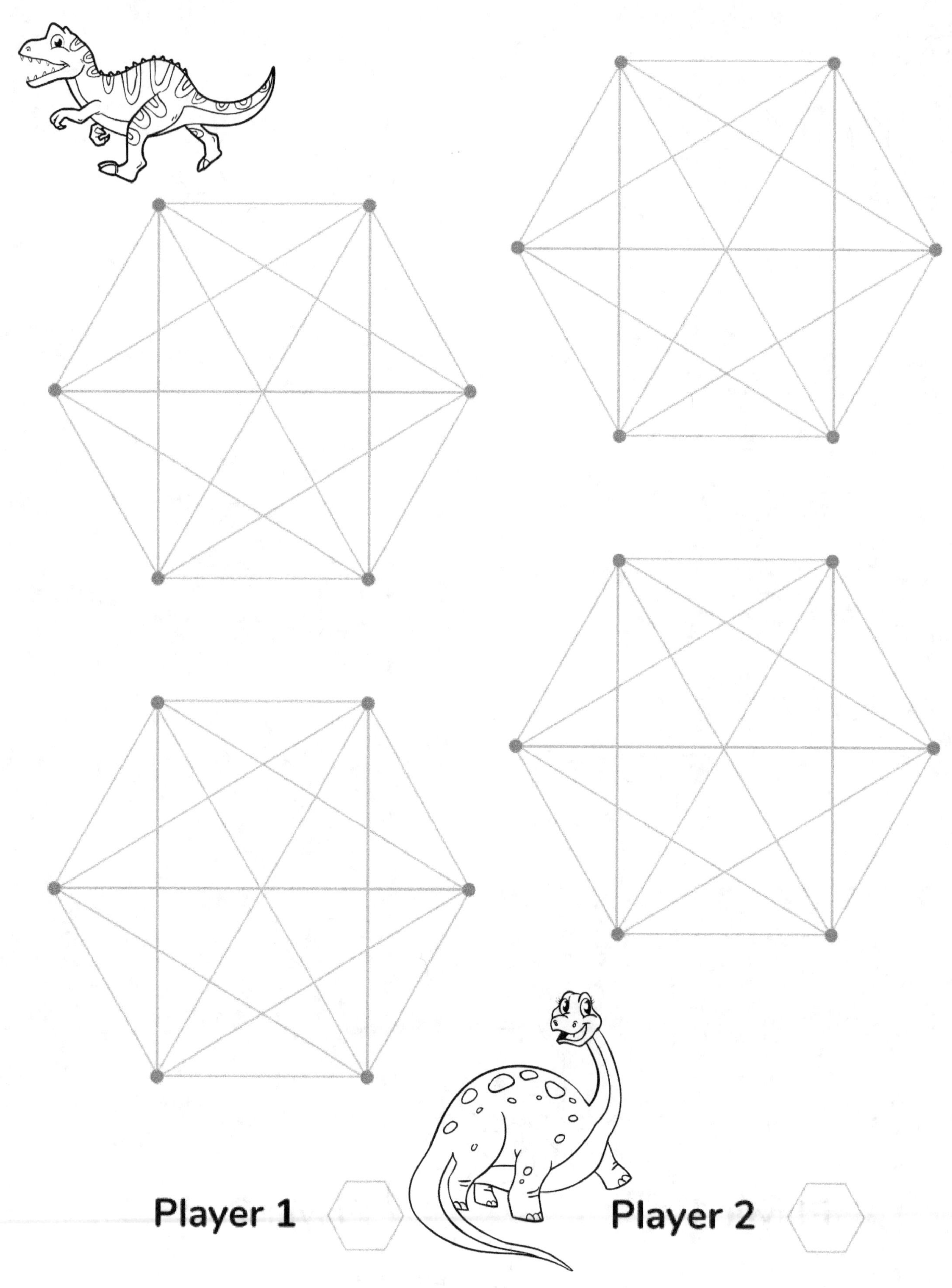

Player 1
Player 2

Player 1
Player 2